卞尺丹几乙し丹卞と

Translated Language Learning

Το πόδι του πιθήκου
to podi the pithikou
The Monkey's Paw

W.W. Τζέικομπς
W.W. Jacobs

Ελληνικά / Ellinika / English

Copyright © 2023 Tranzlaty
All rights reserved.
Published by Tranzlaty
ISBN: 978-1-83566-264-9
Original text by W.W. Jacobs
The Monkey's Paw
First published in English in 1902
www.tranzlaty.com

Μέρος πρώτο
meros proto
Part One

Έξω η νύχτα ήταν κρύα και υγρή
exo iii night itan krya kai ygri
outside the night was cold and wet
αλλά όλα ήταν καλά στο μικρό σαλόνι της βίλας **Laburnam**
allow all itan kala sto micro salon ths bilas Laburnam
but all was well in the small parlour of Laburnam Villa
Η φωτιά έκαιγε έντονα και οι περσίδες τραβήχτηκαν
iii fotia ekaige intensely kai oi persides travichtikan
the fire burned brightly and the blinds were drawn
Η ασπρομάλλη γριά έπλεκε δίπλα στη φωτιά
iii aspromalli gria epleke dipla sti fotia
the white-haired old lady was knitting by the fire
Και πατέρας και γιος ήταν απασχολημένοι παίζοντας σκάκι
kai pateras kai gios itan apascholimenoi paizontas scacchi
and father and son were busy playing chess
Στον πατέρα άρεσε να παίζει το παιχνίδι επικίνδυνα
ston patera arese nha paizei to paichnidi epikindyna
the father liked to play the game dangerously
Συχνά έθετε τον βασιλιά του σε περιττούς κινδύνους
sikhna ethe ton basilia the so perittoys cindyns
he often put his king into unnecessary perils
Και αυτή τη φορά είχε αφήσει τον βασιλιά πολύ εκτεθειμένο
kai ayti the phora eiche afisei ton basilia poly extended
and this time he had left the king too exposed
Είχε δει το λάθος που έκανε
eiche dei to lathos pou ekane
he had seen the mistake he made
Αλλά ήταν πολύ αργά για να το αλλάξουμε
allow itan poly arga gia nha to allaxoume

but it was too late to change it
«Αρπάξτε τον άνεμο!» είπε ο κ. Γουάιτ, φιλικά
«arpaxte ton anemo!» eipe aux k. gouait, filika
"Hark at the wind!" said Mr. White, amiably
Προσπάθησε να αποσπάσει την προσοχή του γιου του από το να δει το λάθος
prospathise nha apospasei then prosochi the giou the apo to nha dei to lathos
he tried to distract his son from seeing the mistake
«Ακούω», είπε ο γιος
«akouo», eipe aux gios
"I'm listening," said the son
αν και παρακολουθούσε ζοφερά το διοικητικό συμβούλιο
anne kai precuded zofera to dioikitiko symvoulio
although he was grimly surveying the board
Έθεσε τον βασιλιά υπό έλεγχο
ethese ton basilia ypo elegcho
he put the king into check
«Δεν μπορώ να φανταστώ ότι θα έρθει απόψε», είπε ο πατέρας του
«den mporo nha fantasto oti t erthei apopse», eipe aux pateras the
"I can't imagine he'll come tonight," said his father
Και πήγε να βάλει το χέρι του στο ταμπλό
kai pige nha balei to car the sto tamplos
and he went to put his hand to the board
«Και κοίτα φίλε», πρόσθεσε ο γιος
«kai koita pel», prosthesed aux gios
"and check mate," added the son
Ο κ. Γουάιτ κυριεύτηκε από θυμό για μια στιγμή
aux k. gouait kurakeutike apo thymo gia mia stigmi
Mr. White was quite overcome with anger for a moment
«Αυτό είναι το πρόβλημα με το να ζεις τόσο μακριά!»
«auto einai to problem me to nha zeis toso makria!»
"That's the problem with living so far out!"
"Είναι ένα τόσο κτηνώδες μέρος για να ζεις"

"einai ein toso ktinodes meros gia nha zeis"
"it's such a beastly place to live in"
"Και είναι πολύ μακριά από το δρόμο των πραγμάτων"
"kai einai poly makria apo to dromo than progmates"
"and it's too far out of the way of things"
"Το μονοπάτι προς το σπίτι είναι ένας βάλτος"
"to monopati pros to spot einai enas baltos"
"The pathway to the house is a bog"
"Και ο δρόμος είναι πιθανώς ένας χείμαρρος μέχρι τώρα"
"kai aux dromos einai pithanos enas cheimarrus mechri there"
"and the road's probably a torrent by now"
«Δεν ξέρω τι σκεφτόταν ο κόσμος!»
«den xero the skeftotan aux kosmos!»
"I don't know what the people were thinking!"
"Ίσως επειδή μόνο δύο σπίτια στο δρόμο είναι ενοικιασμένα"
"isos epeides menu dyo spitia sto dromo einai enoikiasmena"
"perhaps because only two houses in the road are let"
«Πρέπει να σκεφτούν ότι δεν έχει σημασία»
«prepei nha skeftoyn oti den echei sense»
"they must think that it doesn't matter"
«Μην ανησυχείτε, αγαπητή», είπε η γυναίκα του, καθησυχαστικά
«mhn anesixaide, agapiti», eipe iii gynaika the, cathesychastic
"Never mind, dear," said his wife, soothingly
«Ίσως κερδίσεις το επόμενο παιχνίδι»
«isos kerdiseis to epomeno paichnidi»
"perhaps you'll win the next game"
Μητέρα και γιος μοιράστηκαν μια γνώριμη ματιά
mother kai gios moirastikan mia gnorimi matia
mother and son shared a knowing glance
Ο κ. Γουάιτ κοίταξε ψηλά την κατάλληλη στιγμή για να παρατηρήσει
aux k. gouait kitaxe psila then katallili stigmi gia nha paratirisei
Mr. White looked up just in time to notice

Οι λέξεις έσβησαν στα χείλη του
oi lexeis esvisan stou cail the
The words died away on his lips
Έκρυβε ένα ένοχο χαμόγελο στη λεπτή γκρίζα γενειάδα του
ecrybe ein enocho khamogelo sti lepti greys geneiada the
he hid a guilty grin in his thin grey beard
Ακούστηκε ένας δυνατός κρότος στην πύλη
akoustike enas dynatos krotos sten pyli
there was a loud bang at the gate
«Ορίστε», είπε ο Χέρμπερτ Γουάιτ
«oriste», eipe aux khermpert gouait
"There he is," said Herbert White
και βαριά βήματα ήρθαν προς την πόρτα
kai baria bemata irthan pros then porta
and heavy footsteps came towards the door
Ο γέρος σηκώθηκε με φιλόξενη βιασύνη
aux geros sikothike me filoxeni biasini
The old man rose with hospitable haste
Άνοιξε την πόρτα για τον φίλο του
anoixe then porta gia ton filo the
he opened the door for his friend
Και ακούστηκε να συλλυπείται τη νέα άφιξη
kai akoustike nha syllyped the new aphixe
and he was heard condoling with the new arrival
Τελικά η κυρία Γουάιτ κάλεσε τους άνδρες μέσα
telika iii kyria gouait calls these andres mesha
eventually Mrs. White called the men in
Έβηξε απαλά καθώς ο σύζυγός της μπήκε στο δωμάτιο
evixe apala kathos aux syzygos ths mpike sto domatio
she coughed gently as her husband entered the room
Τον ακολούθησε ένας ψηλός, εύσωμος άνδρας
ton akolouthise enas psilos, eusomus andras
he was followed by a tall, burly man
Ήταν χάντρα του ματιού, και rubicund του προσώπου
itan chantra the mati, kai rubicund the prosopou

he was beady of eye, and rubicund of visage
«Λοχίας Μόρις», είπε, συστήνοντας τον φίλο του
«lochias morris», eipe, systenos ton filo the
"Sergeant-Major Morris," he said, introducing his friend
Ο λοχίας αντάλλαξε χειραψία
aux lochias antallaxe cheirapsie
The sergeant-major shook hands
Και πήρε την προσφερόμενη θέση δίπλα στη φωτιά
kai pire then prosferomeni thesi dipla sti fotia
and he took the proffered seat by the fire
Ο οικοδεσπότης του έβγαλε το ουίσκι και τα ποτήρια
aux ecodespotes the evgale to whisky kai ta potiria
his host got out the whiskey and tumblers
Και έβαλε ένα μικρό χάλκινο βραστήρα στη φωτιά
kai evale ein micro khalkino brastira sti fotia
and he put a small copper kettle on the fire

Μετά το τρίτο του ουίσκι, τα μάτια του έγιναν πιο φωτεινά
meta to third the whisky, ta matia the eginan pio foteina
After his third whiskey his eyes got brighter
Και σταδιακά άρχισε να μιλάει πιο ελεύθερα
kai stadian archise nha milaei pio eleuthera
and gradually he began to talk more freely
Η μικρή οικογένεια περικύκλωσε τον επισκέπτη της
iii mikri oikogeneia pericyclatic ton episkepti ths
the little family circled their visitor
Τετραγώνισε τους φαρδείς ώμους του στην καρέκλα
tetragonise these fardeis omus the sten karekla
he squared his broad shoulders in the chair
Και μίλησε για άγριες σκηνές και ζυμωτές πράξεις
kai milise gia agries skines kai zimotes praxeis
and he spoke of wild scenes and doughty deeds
Μίλησε για πολέμους και επιδημίες και παράξενους λαούς
milise gia polemous kai epidemics kai paraxenous laous

he spoke of wars and plagues and strange peoples
«Είκοσι ένα χρόνια», είπε ο κ. White
«eikosi ein chronia», eipe aux k. White
"Twenty-one years of it," said Mr. White
Και έγνεψε καταφατικά στη γυναίκα και το γιο του
kai egnepse katafatika sti gynaika kai to gio the
and he nodded to his wife and son
«Απλά δούλευε στην αποθήκη τότε»
«apla doyleye sten apothiki tote»
"he was just working in the warehouse then"
«Όταν έφυγε ήταν απλά ένας νέος»
«otan efyge itan apla enas neos»
"When he went away he was just a youth"
«Τώρα κοιτάξτε τον, μετά από τόσα χρόνια»
«there kitaxte ton, meta apo these chronia»
"Now look at him, after all these years"
αν και η κυρία Γουάιτ τον κολάκευε ευγενικά.
anne kai iii kyria gouait ton colaceue eugenic.
although Mrs. White politely flattered him;
«Δεν φαίνεται να έχει υποστεί μεγάλη ζημιά»
«den point nha echei ypostei megali zimia»
"He doesn't look like he has been too damaged"
«Θα ήθελα να πάω στην Ινδία μόνος μου», είπε ο γέρος
«t ithela nha pao sten indie monos mia», eipe aux geros
"I'd like to go to India myself," said the old man
"Απλά για να κοιτάξετε γύρω σας λίγο, ξέρετε"
"apla gia nha kitaksete gyro sas ligo, xerete"
"just to look around a bit, you know"
Αλλά ο λοχίας συμβούλεψε να μην το κάνει
allow aux lochias symvoulepse nha mhn to kani
but the sergeant-major advised against it
«Είσαι καλύτερα εκεί που είσαι»
«eisai kalytera ekei pou eisai»
"you're better off where you are"
Κούνησε το κεφάλι του στην ανάμνηση
kounise to kefali the sten anamnesis

he shook his head at the memory
Άφησε κάτω το άδειο ποτήρι ουίσκι
afise kato to adio potiri whisky
He put down the empty glass of whiskey
Αναστενάζοντας απαλά, κούνησε ξανά το κεφάλι του
anastenazontas apala, kounise xana to kefali the
sighing softly, he shook his head again
Αλλά ο γέρος συνέχισε να το ονειρεύεται
allow aux geros synchise nha to oneireyetai
but the old man continued to dream of it
«Θα ήθελα να δω αυτούς τους παλιούς ναούς»
«t ithela nha thaw autous these palious naoys»
"I would like to see those old temples"
«και θα ήθελα να δω τους φακίρηδες και τους ζογκλέρ»
«kai t ithela nha thaw these fakirides kai these zogler»
"and I'd like to see the fakirs and jugglers"
«Τι είναι αυτό που μου έλεγες τις προάλλες;»
«the einai auto pou mia eleges these proalles;»
"What is it you were telling me the other day?"
«Δεν ήταν κάτι για το πόδι μιας μαϊμούς, Μόρις;»
«den itan katie gia to podi mias maimous, morris;»
"wasn't it something about a monkey's paw, Morris?"
«Τίποτα», είπε βιαστικά ο στρατιώτης
«tipota», eipe biastic aux stratiotis
"Nothing," said the soldier, hastily
"Δεν είναι τίποτα που αξίζει να ακούσετε"
"den einai tipota pou axizei nha akousete"
"it's nothing worth hearing about"
«Το πόδι μιας μαϊμούς;» είπε η κυρία Γουάιτ, με περιέργεια
«to podi mias maimous;» eipe iii kyria gouait, me periergeia
"a monkey's paw?" said Mrs. White, curiously
Ο λοχίας ήξερε ότι έπρεπε να εξηγήσει λίγο
aux lochias ixere oti eprepe nha exegese ligo
the sergeant-major knew he had to explain a little
"Λοιπόν, είναι λίγο από αυτό που θα μπορούσατε να

ονομάσετε μαγεία"
"loipon, einai ligo apo auto pou t mporousate nha onomasete magii"
"Well, it's just a bit of what you might call magic"
Οι τρεις ακροατές του έσκυψαν προς τα εμπρός με ανυπομονησία
oi treis acroates the escypsan pros ta embros me anypomonisia
His three listeners leaned forward eagerly
Ο επισκέπτης έβαλε το άδειο ποτήρι του στα χείλη του
aux episkeptis evale to adio potiri the stou cail the
The visitor put his empty glass to his lips
Για μια στιγμή είχε ξεχάσει πού ήταν
gia mia stigmi eiche xechasei pou itan
for a moment he had forgot where he was
Και μετά έβαλε ξανά το ποτήρι κάτω
kai meta evale xana to potiri kato
and then he put the glass down again
Ο οικοδεσπότης του ευγενικά ξαναγέμισε το ποτήρι γι 'αυτόν
aux ecodespotes the eugenic xanagemise to potiri gi 'ayton
His host kindly refilled the glass for him
Έψαξε στην τσέπη του για κάτι
epsaxe sten tsepi the gia katie
he fumbled in his pocket for something
"Για να δούμε, είναι απλά ένα συνηθισμένο μικρό πόδι"
"gia nha doume, einai apla ein synithismeno micro podi"
"To look at, it's just an ordinary little paw"
«Έχει σχεδόν στεγνώσει σε μούμια»
«echei schedon stegnosis so mummy»
"it has all but dried to a mummy"
Και έβγαλε κάτι από την τσέπη του
kai evgale katie apo then tsepi the
and he took something out of his pocket
Το πρόσφερε σε όποιον το ήθελε
to prosfere so opoion to ithele
he offered it to anyone who wanted it
Η κυρία Γουάιτ επέστρεψε με μια γκριμάτσα

iii kyria gouait epestrepse me mia grimatsa
Mrs. White drew back with a grimace
Αλλά ο γιος της δεν δίστασε στην ευκαιρία
allow aux gios ths den distase sten eukairia
but her son didn't hesitate at the opportunity
Και πήρε το πόδι του πιθήκου από τον επισκέπτη
kai pire to podi the pithikou apo ton episkepti
and he took the monkey paw from the guest
Το εξέτασε με μεγάλη περιέργεια
to exetase me megali periergeia
he examined it with great curiosity
Σύντομα ήταν η σειρά του μπαμπά του να κρατήσει το πόδι του πιθήκου
syntoma itan iii serie the mpampa the nha kratisei to podi the pithikou
soon it was his dad's turn to hold the monkey paw
Αφού το εξέτασε, το τοποθέτησε πάνω στο τραπέζι
afou to exetase, to topothetise pano sto trapezi
having examined it, he placed it upon the table
«Και τι είναι τόσο ξεχωριστό σε αυτό;» ρώτησε
«kai the einai toso xechoristos so auto;» rotise
"And what is so special about it?" he asked
«Είχε ένα ξόρκι πάνω του», είπε ο λοχίας
«eiche ein xorki pano the», eipe aux lochias
"It had a spell put on it," said the sergeant-major
«Ήταν ένας παλιός φακίρης. ένας πολύ άγιος άνθρωπος»
«itan enas palios fakiris. enas poly agios anthropos»
"he was an old fakir; a very holy man"
«Και ήθελε να δώσει στους ανθρώπους ένα μάθημα»
«kai ithele nha dosei stous anthropous ein mathema»
"and he wanted to teach people a lesson"
«Ήθελε να δείξει ότι η μοίρα κυβερνούσε τη ζωή μας»
«ithele nha desxei oti iii moira gubernate the zoi mas»
"He wanted to show that fate ruled our lives"
«Μην παρεμβαίνετε στη μοίρα», προειδοποίησε

«mhn parembainete sti moira», preheathed
"don't interfere with fate," he warned
"Έτσι έβαλε ένα ξόρκι στο πόδι"
"etsi evale ein xorki sto podi"
"so he put a spell on the paw"
«Τρεις άντρες θα μπορούσαν να έχουν το πόδι της μαϊμούς»
«treis andress t mporousan nha echoun to podi ths maimous»
"three men could have the monkey paw"
«Ο καθένας θα μπορούσε να έχει τρεις ευχές από αυτό»
«aux kathenas t mporouse nha echei treis euches apo auto»
"they could each have three wishes from it"
Το κοινό του βρήκε την ιστορία αρκετά αστεία
to koino the brece then istoria arketa asteia
his audience found the story quite funny
Αλλά το γέλιο τους γρήγορα φάνηκε ανάρμοστο
allow to gelio these grigora phanecy anarmosto
but their laughter quickly felt inappropriate
Ο αφηγητής σίγουρα δεν γελούσε
aux aphegeta secure den gelouse
the story teller certainly wasn't laughing
Ο Herbert προσπάθησε να ελαφρύνει τη διάθεση στο δωμάτιο
aux Herbert prospathise nha elafrini the diathesi sto domatio
Herbert tried to lighten the mood in the room
«Λοιπόν, γιατί δεν έχετε τρεις ευχές, κύριε;»
«loipon, giati den echete treis euches, kyrie;»
"Well, why don't you have three wishes, sir?"
Εκείνοι με εμπειρία έχουν μια ησυχία γι 'αυτούς
ekeinoi me empirical echoun mia isikhia gi 'autous
those with experience have a quiet about them
Ο στρατιώτης κοίταξε ήρεμα τη νεολαία
aux stratiotis kitaxe irema the neolea
the soldier calmly regarded the youth
«Είχα τις επιθυμίες μου», είπε ήσυχα
«eicha these epithymies mia», eipe isicha

"I've had my wishes," he said, quietly
και το κηλιδωμένο πρόσωπό του έγινε κατάλευκο
kai to kilidomeno prosopo the egine catalyco
and his blotchy face turned a grave white
"Και είχατε πραγματικά εκπληρώσει τις τρεις επιθυμίες;"
"kai eichate pragmatic explersion these treis epithymies;"
"And did you really have the three wishes granted?"
«Είχα εκπληρώσει τις επιθυμίες μου», επιβεβαίωσε ο λοχίας
«eicha explersion these epithymies mia», epivevaiose aux lochias
"I had my wishes granted," confirmed the sergeant-major
«Και ευχήθηκε κανείς άλλος;» ρώτησε η γριά
«kai euchethece kaneis allos;» rotise iii gria
"And has anybody else wished?" asked the old lady
«Ο πρώτος άνθρωπος είχε τις τρεις επιθυμίες του», ήταν η απάντηση
«aux protos anthropos eiche these treis epithymies the», itan iii apantisi
"The first man had his three wishes," was the reply
«Δεν ξέρω ποιες ήταν οι δύο πρώτες ευχές»
«den xero poies itan oi dyo protes euches»
"I don't know what the first two wishes were"
«Αλλά η τρίτη ευχή ήταν για θάνατο»
«allow iii third euche itan gia thanato»
"but the third wish was for death"
«Έτσι πήρα το πόδι της μαϊμούς»
«etsi pira to podi ths maimous»
"That's how I got the monkey's paw"
Οι τόνοι του είχαν γίνει πολύ σοβαροί
oi tone the eichan gain poly severe
His tones had gotten very grave
Μια σκοτεινή σιωπή έπεσε πάνω στην ομάδα
mia skotini siopi epese pano sten omada
a dark hush fell upon the group
«Είχες τις τρεις επιθυμίες σου», συλλογίστηκε ο κ.

Γουάιτ
«eiches these treis epithymies sou», syllogist aux k. gouait
"you've had your three wishes," pondered Mr. White
«Δεν είναι καλό για σένα τώρα, λοιπόν, Morris»
«den einai kalo gia senna there, loipon, Morris»
"it's no good to you now, then, Morris"
"Γιατί το κρατάς;"
"giati to kratas;"
"What do you keep it for?"
Ο στρατιώτης κούνησε το κεφάλι του
aux stratiotis kounise to kefali the
The soldier shook his head
«Είναι μια υπενθύμιση, υποθέτω», είπε, αργά
«einai mia ypenthymisi, ypotheto», eipe, arga
"it's a reminder, I suppose," he said, slowly
"Είχα κάποια ιδέα να το πουλήσω"
"eicha kapia ideea nha to pouliso"
"I did have some idea of selling it"
"αλλά δεν νομίζω ότι θα το πουλήσω"
"allow den nomizo oti t to pouliso"
"but I don't think I will sell it"
«Έχει ήδη προκαλέσει αρκετή αναστάτωση»
«echei edi present arketi anastatosis»
"It has caused enough mischief already"
"Εκτός αυτού, οι άνθρωποι δεν θα το αγοράσουν"
"ektos autou, oi anthropoi den t to agorasoun"
"Besides, people won't buy it"
«Νομίζουν ότι είναι παραμύθι»
«nomizoun oti einai paramythi»
"They think it's a fairy tale"
"Μερικοί είναι λίγο πιο περίεργοι από άλλους"
"merikoi einai ligo pio periergoi apo alse"
"some are a little more curious than others"
"Αλλά θέλουν να το δοκιμάσουν πρώτα πριν με πληρώσουν"
"allow theloun nha to dokimasoun prota prima me plirosoun"

"but they want to try it first before paying me"
Ο γέρος τον ρώτησε με γνήσια περιέργεια
aux geros ton rotise me gnesia periergeia
the old man asked him with genuine curiosity
«Θα ήθελες να έχεις άλλες τρεις ευχές;»
«t etheles nha echeis alles treis euches;»
"would you want to have another three wishes?"
«Δεν ξέρω...» είπε ο στρατιώτης, "Δεν ξέρω'
«den xero...» eipe aux stratiotis, "den xero'
"I don't know..." said the soldier, "I don't know"

Πήρε το πόδι από το τραπέζι
pire to podi apo to trapezi
He took the paw from the table
Και το κρέμασε ανάμεσα στο δείκτη και τον αντίχειρά του
kai to kremase anamesa sto dicte kai ton antiheira the
and he dangled it between his forefinger and thumb
Ξαφνικά το έριξε στη φωτιά
xafnika to erixe sti fotia
suddenly he threw it into the fire
Η οικογένεια φώναξε έκπληκτη και σοκαρισμένη
iii oikogeneia phonaxe explication kai soccarismeni
the family cried out in surprise and shock
Αλλά πάνω απ 'όλα φώναξαν με λύπη
allow pano ap 'all fonaxan me lypi
but most of all they cried out with regret
Ο κ. White έσκυψε και το άρπαξε από τη φωτιά
aux k. White escypse kai to arpaxe apo the fotia
Mr White stooped down and snatched it out the fire
«Καλύτερα να το αφήσεις να καεί», είπε ο στρατιώτης
«kalytera nha to afiseis nha kaei», eipe aux stratiotis
"Better let it burn," said the soldier
«Αν δεν το θέλεις, Μόρις, δώσ' το σε μένα»
«anne den to theleis, morris, dos' to so menna»
"If you don't want it, Morris, give it to me"

«Δεν θα σου το δώσω», είπε πεισματικά ο φίλος του
«den t sou to doso», eipe peismatic aux filos the
"I won't give it to you," said his friend, doggedly
«Ήθελα να το ρίξω στη φωτιά»
«ithela nha to rixo sti fotia»
"I meant to throw it on the fire"
«Αν το κρατήσεις, μη με κατηγορείς γι' αυτό που συμβαίνει»
«anne to kratiseis, mi me categorized gi' auto pou symvainei»
"If you keep it, don't blame me for what happens"
«Ρίξε το ξανά στη φωτιά σαν λογικός άνθρωπος»
«rixe to xana sti fotia shan logic anthropos»
"Pitch it on the fire again like a sensible man"
Αλλά ο γέρος κούνησε το κεφάλι του
allow aux geros kounise to kefali the
but the old man shook his head
Αντ' αυτού, εξέτασε προσεκτικά το νέο του απόκτημα
ant' autou, exetase process to neo the apoctem
instead, he examined his new possession closely
«Πώς το κάνεις;» ρώτησε
«pos to kanis;» rotise
"How do you do it?" he inquired
«Πρέπει να το κρατάς ψηλά στο δεξί σου χέρι»
«prepei nha to kratas psila sto dexi sou car»
"you have to hold it up in your right hand"
«Τότε πρέπει να ευχηθείς δυνατά», είπε ο λοχίας
«tote prepei nha eschitheis dynata», eipe aux lochias
"then you have to wish aloud," said the sergeant-major
"αλλά σας προειδοποιώ για τις συνέπειες"
"allow sas prehedopoios gia these synepeies"
"but I warn you of the consequences"
«Ακούγεται σαν τις Αραβικές Νύχτες», είπε η κυρία White
«agougetai shan these arabic nights», eipe iii kyria White
"Sounds like the Arabian Nights," said Mrs. White
Και σηκώθηκε και άρχισε να στήνει το δείπνο

kai sikothike kai archise nha stinei to dipno
and she rose and began to set the supper
«Θα μπορούσες να ευχηθείς τέσσερα ζευγάρια χέρια, για μένα»
«t mporouses nha eschitheis tessera zeugaria car, gia menna»
"you could wish for four pairs of hands, for me"
Ο σύζυγός της κράτησε το φυλαχτό ψηλά
aux syzygos ths kratise to phylachto psila
Her husband held the talisman up
Ο λοχίας τον έπιασε από το χέρι
aux lochias ton epiase apo to car
the sergeant-major caught him by the arm
Και είχε ένα βλέμμα συναγερμού στο πρόσωπό του
kai eiche ein blemma synagermou sto prosopo the
and he had a look of alarm on his face
Και τότε και οι τρεις ξέσπασαν σε γέλια
kai tote kai oi treis xespasan so gelia
and then all three burst into laughter
Αλλά ο επισκέπτης δεν ήταν τόσο διασκεδαστικός όσο οι οικοδεσπότες του
allow aux episkeptis den itan toso diaskedastikos osho oi oikodespots the
but the guest was not as amused as his hosts
"Αν πρέπει να επιθυμείς, να εύχεσαι κάτι λογικό"
"anne prepei nha epithymeis, nha euchesai katie logic"
"If you must wish, wish for something sensible"
Ο κ. White έριξε το πόδι στην τσέπη του
aux k. White erixe to podi sten tsepi the
Mr. White dropped the paw into his pocket
Το δείπνο είχε σχεδόν στηθεί
to dipno eiche schedon stithei
supper had now almost been set up
Ο κ. White τοποθέτησε τις καρέκλες γύρω από το τραπέζι
aux k. White topothetise these karekles gyro apo to trapezi
Mr White placed the chairs around the table

Και έκανε νόημα στον φίλο του να έρθει να φάει
kai ekane noima ston filo the nha erthei nha faei
and he motioned his friend to come and eat
Το δείπνο έγινε πιο ενδιαφέρον από το φυλαχτό
to dipno egine pio endiaferon apo to phylachto
supper became more interesting than the talisman
Και το φυλαχτό ξεχάστηκε εν μέρει
kai to phylachto xechastike in merei
and the talisman was partly forgotten
Τέλος πάντων, υπήρχαν περισσότερες ιστορίες από την Ινδία
telos panton, ypirchan perissoteres istories apo then indie
anyway, there were more tales from India
και ο επισκέπτης τους διασκέδασε με άλλες ιστορίες
kai aux episkeptis these diaskedase me alles istories
and the guest entertained them with other stories

Το βράδυ ήταν πολύ ευχάριστο
to brady itan poly eucharist
the evening had been very enjoyable
Ο Morris έφυγε εγκαίρως για να προλάβει το τελευταίο τρένο
aux Morris efyge egkairos gia nha prolavei to teleytaio train
Morris left just in time to catch the last train
Ο Herbert είχε διασκεδάσει περισσότερο από τις ιστορίες
aux Herbert eiche diaskedasei perissotero apo these istories
Herbert had been most entertained by the stories
«Φανταστείτε αν όλες οι ιστορίες που μας είπε είναι αληθινές»
«fantasteite anne oles oi istories pou mas eipe einai alethines»
"imagine if all the stories he told us are true"
"Φανταστείτε αν το πόδι του πιθήκου ήταν πραγματικά μαγεμένο"
"fantasteite anne to podi the pithikou itan pragmatic magemeno"
"imagine if the monkey's paw really was enchanted"
«Θα το πάρουμε με μια πρέζα αλάτι»

«t to paroume me mia presa alt»
"we shall take it with a pinch of salt"
Η κυρία White ήταν επίσης περίεργη γι 'αυτό
iii kyria White itan episis periergi gi 'auto
Mrs. White was curious about it too
«Του έδωσες τίποτα γι' αυτό, πατέρα;»
«the edosses tipota gi' auto, patera;»
"Did you give him anything for it, father?"
Και παρακολουθούσε στενά τον άντρα της
kai precuded stena ton andhra ths
and she watched her husband closely
«Ένα μικροσκοπικό», είπε εκείνος, χρωματίζοντας ελαφρώς
«ein microscopic», eipe ekeinos, chromatizing elaphros
"A trifle," said he, colouring slightly
«Δεν το ήθελε, αλλά τον ανάγκασα να το πάρει»
«den to ithele, allow ton anagasa nha to parei»
"He didn't want it, but I made him take it"
«Και με πίεσε ξανά να το πετάξω»
«kai me push xana nha to petaxo»
"And he pressed me again to throw it away"
«Πρέπει!» είπε ο Χέρμπερτ, με προσποιητή φρίκη
«prepei!» eipe aux khermpert, me prospietes friki
"you must!" said Herbert, with pretended horror
«Γιατί, θα γίνουμε πλούσιοι, διάσημοι και ευτυχισμένοι»
«giati, t ginoume plusium, diasemes kai eutychismenoi»
"Why, we're going to be rich, and famous and happy"
«Πρέπει να κάνεις την ευχή να γίνεις αυτοκράτορας, πατέρα»
«prepei nha kanis then euche nha gineis autokrator, patera»
"you should make the wish to be an emperor, father"
Και έπρεπε να τρέξει γύρω από το τραπέζι για να τελειώσει το αστείο
kai eprepe nha trexei gyro apo to trapezi gia nha teliosei to astio
and he had to run around the table to finish the joke
"Τότε δεν θα σας τσιμπήσουν οι κότες"

"tote den t sas tsimpisoun oi cots"
"then you won't be pecked by the hens"
Η μαμά του τον κυνηγούσε με ένα πιάτο
iii mommy the ton kynigouse me ein piato
his mum was chasing him with a dishcloths
Ο κ. White πήρε το πόδι από την τσέπη του
aux k. White pire to podi apo then tsepi the
Mr. White took the paw from his pocket
Κοίταξε το μουμιοποιημένο πόδι του πιθήκου αμφίβολα
kitaxe to mummified podi the pithikou amphibola
he eyed the mummified monkey's paw dubiously
«Δεν ξέρω τι να ευχηθώ»
«den xero the nha euchetho»
"I don't know what to wish for"
«Και αυτό είναι γεγονός», είπε, σιγά-σιγά
«kai auto einai gegonos», eipe, siga-siga
"and that's a fact," he said, slowly
«Μου φαίνεται ότι έχω όλα όσα θέλω»
«mia point oti echo all osa thelo»
"It seems to me I've got all I want"
«αλλά θα μπορούσατε να εξοφλήσετε το σπίτι», πρότεινε ο Herbert
«allow t mporousate nha express to spot», protein aux Herbert
"but you could pay off the house," suggested Herbert
«Φαντάσου πόσο ευτυχισμένος θα ήσουν τότε!»
«fantasou poso eutychismenos t isoun tote!»
"imagine how happy you'd be then!"
«Κάνεις ένα καλό σημείο», γέλασε ο μπαμπάς του
«kanis ein kalo simeio», gelase aux mpampas the
"you make a good point," his dad laughed
"Λοιπόν, ευχηθείτε για διακόσιες λίρες, τότε"
"loipon, eschethed gia diakosies liras, tote"
"Well, wish for two hundred pounds, then"
«Αυτό θα ήταν αρκετό για την υποθήκη»
«auto t itan arketo gia then ypothiki»
"that would be enough for the mortgage"

Έπρεπε να κοκκινίσει από τη δική του ευπιστία
eprepe nha kokkinisei apo the diki the eupistia
he had to blush at his own credulity
Αλλά κράτησε ψηλά το φυλαχτό με το δεξί του χέρι
allow kratise psila to phylachto me to dexi the car
but he held up the talisman with his right hand
Ο γιος του έδειξε ένα επίσημο πρόσωπο στον πατέρα του
aux gios the edeikse ein episemo prosopo ston patera the
his son showed a solemn face to his father
Αλλά, στο πλάι, έκλεισε το μάτι στη μητέρα του
allow, sto plai, eklise to matti sti mother the
but, to the side, he winked to his mother
και κάθισε στο πιάνο
kai kathise sto piano
and he sat down at the piano
Και χτύπησε μερικές σοβαρές χορδές
kai chtypese merikes sovares cords
and he struck a few serious sounding chords
Ο γέρος έκανε ξεκάθαρα την επιθυμία του
aux geros ekane xekathara then epithymia the
the old man distinctly made his wish
«Εύχομαι διακόσιες λίρες»
«euchomai diakosies liras»
"I wish for two hundred pounds"
Ένα ωραίο κρεσέντο από το πιάνο χαιρέτησε τις λέξεις
ein oraio kreshendo apo to piano keretes these lexeis
A fine crescendo from the piano greeted the words
Αλλά τότε μια ανατριχιαστική κραυγή ήρθε από τον γέρο
allow tote mia anatrichiastic kraugi irthe apo ton gero
but then a shuddering cry came from the old man
Η γυναίκα και ο γιος του έτρεξαν προς το μέρος του
iii gynaika kai aux gios the etrexan pros to meros the
His wife and son ran towards him
«Κινήθηκε», φώναξε, «το χέρι κινήθηκε!»

«kinithike», phonaxe, «to car kinithike!»
"It moved," he cried, "the hand moved!"
Κοίταξε με αηδία το αντικείμενο στο πάτωμα
kitaxe me aedia to antikeimeno sto patoma
he looked with disgust at the object on the floor
«Καθώς έκανα την ευχή μου, στριφογύρισε στο χέρι μου»
«kathos ekana then euche mia, strifogyrise sto car mia»
"As I made my wish it twisted in my hand"
«Κινήθηκε στο χέρι μου σαν φίδι»
«kinithike sto car mia shan fidi»
"it moved in my hand like a snake"
«Λοιπόν, δεν βλέπω τα χρήματα», είπε ο γιος του
«loipon, den blepo ta chrimata», eipe aux gios the
"Well, I don't see the money," said his son
Πήρε το πόδι από το πάτωμα
pire to podi apo to patoma
he picked the paw from the floor
Και έβαλε το μαραμένο χέρι στο τραπέζι
kai evale to marameno car sto trapezi
and he placed the withered hand on the table
"και στοιχηματίζω ότι ποτέ δεν θα δω τα χρήματα"
"kai stoichimatizo oti pote den t thaw ta chrimata"
"and I bet I never shall see the money"
«Πρέπει να ήταν η φαντασία σου, πατέρα», είπε η σύζυγός του
«prepei nha itan iii phantasy sou, patera», eipe iii syzygos the
"It must have been your fancy, father," said his wife
"Η φαντασία έχει έναν τρόπο να παίζει κόλπα"
"iii phantasy echei enan thereby nha paizei kolpa"
"imaginations do have a way of playing tricks"
Αλλά συνέχισε να τον κοιτάζει με αγωνία
allow synchise nha ton koitazei me agony
but she continued to regard him anxiously
Μάζεψε την ηρεμία του και κούνησε το κεφάλι του
masepse then iremia the kai kounise to kefali the

He collected his calm and shook his head
«Μην ανησυχείτε, όμως, δεν έχει γίνει κακό»
«mhn anesixaide, omos, den echei gain kako»
"Never mind, though, there's no harm done"
«Αλλά μου προκάλεσε μεγάλο σοκ»
«allow mia prokalese megalo shock»
"but it did give me quite a shock"

Κάθισαν ξανά δίπλα στη φωτιά
kathisan xana dipla sti fotia
They sat down by the fire again
Οι δύο άνδρες κάπνιζαν τις υπόλοιπες πίπες τους
oi dyo andres kapnizan these ypoloipes pipes these
the two men smoked the rest of their pipes
Έξω, ο άνεμος ήταν ισχυρότερος από ποτέ
exo, aux anemos itan ischyroteros apo pote
outside, the wind was stronger than ever
Ο γέρος ήταν στην άκρη όλη τη νύχτα
aux geros itan sten akri whole the night
the old man was on edge all night
Μια πόρτα στον επάνω όροφο έκλεισε μόνη της με ένα κτύπημα
mia porta ston epano orofo eklise moni ths me ein ktypima
a door upstairs shut itself with a bang
και σχεδόν πήδηξε έξω από το δέρμα του
kai schedon pidixe exo apo to derma the
and he almost jumped out of his skin
Μια ασυνήθιστη και καταθλιπτική σιωπή εγκαταστάθηκε στο δωμάτιο
mia asynethist kai cathathleptic siopi egkatastathike sto domatio
an unusual and depressing silence settled upon the room
τελικά ο **Herbert** αποσύρθηκε για τη νύχτα
telika aux Herbert aposyrthike gia the night
eventually Herbert retired for the night
Αλλά δεν μπορούσε να μην τους πειράξει λίγο

περισσότερο
allow den mporouse nha mhn these peiraxei ligo perissotero
but he couldn't help teasing them a little more
"Περιμένω ότι θα βρείτε τα μετρητά δεμένα"
"perimeno oti t breite ta metered demena"
"I expect you'll find the cash tied up"
"Όλα θα είναι στη μέση του κρεβατιού σας"
"all t einai sti mesi the krevati sas"
"it'll all be in the middle of your bed"
"Αλλά θα υπάρχει κάτι φρικτό στο δωμάτιό σας"
"allow t yparchei katie frikto sto domatio sas"
"but there'll be something horrible in your room"
"Θα είναι οκλαδόν πάνω από την ντουλάπα"
"t einai okladon pano apo then ntoulapa"
"it will be squatting on top of the wardrobe"
«Και θα σε παρακολουθεί καθώς τσεπώνεις τα παράνομα κέρδη σου»
«kai t so process kathos tseponis ta paranoma kerdi sou»
"and it'll watch you as you pocket your ill-gotten gains"
«Καληνύχτα μητέρα, καληνύχτα πατέρα»
«kalinichta mother, kalinichta patera»
"good night mother, good night father"
Η κυρία Γουάιτ σύντομα πήγε και αυτή για ύπνο
iii kyria gouait syntoma pige kai ayti gia ypno
Mrs. White soon went to bed too
Ο γέρος καθόταν μόνος στο σκοτάδι
aux geros cathotane monos sto skotadi
The old man sat alone in the darkness
Πέρασε λίγο χρόνο κοιτάζοντας τη φωτιά που πέθαινε
perase ligo chrono kitazontas the fotia pou pethaine
he spend some time gazing at the dying fire
Στη φωτιά μπορούσε να δει φρικτά πρόσωπα
sti fotia mporouse nha dei frict prosopa
in the fire he could see horrible faces
Είχαν κάτι παράξενα σαν πίθηκο σε αυτούς
eichan katie paraxena shan pithiko so autous

they had something strangely ape-like to them
Και δεν μπορούσε να σταματήσει να κοιτάζει με έκπληξη
kai den mporouse nha stamatisei nha koitazei me explixi
and he couldn't help gazing in amazement
Αλλά όλα έγιναν λίγο πολύ ζωντανά
allow all eginan ligo poly zontana
but it all got a little too vivid
Με ένα ανήσυχο γέλιο έπιασε το ποτήρι
me ein anxious gelio epiase to potiri
with an uneasy laugh he reached for the glass
Θα έριχνε λίγο νερό στη φωτιά
t erichne ligo nero sti fotia
he was going to throw some water on the fire
Αλλά το χέρι του έπεσε πάνω στο πόδι του πιθήκου
allow to car the epese pano sto podi the pithikou
but his hand happened upon the monkey's paw
Ένα μικρό ρίγος έτρεξε στη σπονδυλική του στήλη
ein micro rigos etrexe sti spondylic the stele
a little shiver ran down his spine
Σκούπισε το χέρι του στο παλτό του
scupic to car the sto palto the
he wiped his hand on his coat
Και τελικά ανέβηκε και αυτός για ύπνο
kai telika anevike kai its gia ypno
and finally he also went up to bed

Μέρος δεύτερο
meros deytero
Part Two

Στη φωτεινότητα του χειμωνιάτικου ήλιου το επόμενο πρωί
sti fotinotita the cheimoniatikou iliou to epomeno proi
In the brightness of the wintry sun the next morning
Ο ήλιος κυλούσε πάνω από το τραπέζι του πρωινού
aux ilios kylouse pano apo to trapezi the proinou
the sun streamed over the breakfast table
Γέλασε με τους φόβους του από το προηγούμενο βράδυ
gelase me these phobus the apo to precund brady
He laughed at his fears from the previous night
Υπήρχε ένας αέρας πεζής υγιεινής στο δωμάτιο
ypirche enas aeras pezis ygieinis sto domatio
There was an air of prosaic wholesomeness in the room
Η διάθεση δεν είχε αυτή την αισιοδοξία το προηγούμενο βράδυ
iii diathesi den eiche ayti then aesiodoxy to precund brady
the mood had lacked this optimism on the previous night
Το βρώμικο, συρρικνωμένο μικρό πόδι τοποθετήθηκε στον μπουφέ
to bromic, syrriknomeno micro podi topothetike ston mpoufe
The dirty, shrivelled little paw was put on the sideboard
Το πόδι τοποθετήθηκε εκεί κάπως απρόσεκτα
to podi topothetike ekei kapos aprosects
The paw was put there somewhat carelessly
σαν να μην υπήρχε μεγάλη πίστη στις αρετές του
shan nha mhn ypirche megali pisti sites aretes the
as if there was no great belief in its virtues
«Υποθέτω ότι όλοι οι παλιοί στρατιώτες είναι ίδιοι», είπε η κυρία Γουάιτ
«ypotheto oti oli oi palioi strategic einai idioi», eipe iii kyria gouait
"I suppose all old soldiers are the same," said Mrs. White
«Αστείο να νομίζουμε ότι ακούγαμε τέτοιες ανοησίες!»

«*astio nha nomizoume oti acugame tetoies anoesias!*»
"funny to think we were listening to such nonsense!"
«Πώς θα μπορούσαν να εκπληρωθούν οι ευχές αυτές τις μέρες;»
«*pos t mporousan nha explired oi euches autes these meres;*»
"How could wishes be granted in these days?"
«Και πώς θα μπορούσαν διακόσιες λίρες να σε βλάψουν, πατέρα;»
«*kai pos t mporousan diakosies liras nha so blapsun, patera;*»
"And how could two hundred pounds hurt you, father?"
Ο Herbert είχε ένα αστείο και για αυτό
aux Herbert eiche ein astio kai gia auto
Herbert had a joke for this too
«Μπορεί να πέσει στο κεφάλι του από τον ουρανό»
«*mporei nha peshey sto kefali the apo ton ourano*»
"it might drop on his head from the sky"
Αλλά ο πατέρας του ακόμα δεν τα βρήκε όλα αστεία
allow aux pateras the akoma den ta brece all asteia
but his father still didn't find it all funny
«Ο **Morris** είπε ότι τα πράγματα συνέβησαν πολύ φυσικά»
«*aux Morris eipe oti ta pragmata synevisan poly physics*»
"Morris said the things happened very naturally"
«Θα μπορούσατε, αν το επιθυμούσατε, να το αποδώσετε σε σύμπτωση»
«*t mporousate, anne to epithymousate, nha to apodosete so symptosis*»
"you might, if you so wished, attribute it to coincidence"
Ο Herbert σηκώθηκε από το τραπέζι, αλλά έκανε ένα τελευταίο αστείο
aux Herbert sikothike apo to trapezi, allow ekane ein teleytaio astio
Herbert rose from the table, but made one last joke
"Λοιπόν, μην αρχίσετε να ξοδεύετε τα χρήματα πριν επιστρέψω"
"loipon, mhn archisete nha dodeyete ta chrimata prima epistrepso"
"Well, don't start spending the money before I come back"

«Φοβάμαι ότι θα σε μετατρέψει σε κακό, φιλάργυρο άνθρωπο»
«phovamai oti t so metatrepsei so kako, filargyro anthropos»
"I'm afraid it'll turn you into a mean, avaricious man"
«Και τότε θα πρέπει να σας απαρνηθούμε»
«kai tote t prepei nha sas aparnithoume»
"and then we shall have to disown you"
Η μητέρα του γέλασε και τον ακολούθησε στην πόρτα
iii mother the gelase kai ton akolouthise sten porta
His mother laughed and followed him to the door
Τον παρακολουθούσε στο δρόμο
ton precuded sto dromo
She watched him down the road
Στη συνέχεια επέστρεψε στο τραπέζι του πρωινού
sti synce epestrepse sto trapezi the proinou
then she returned back to the breakfast table
Ήταν πολύ χαρούμενη εις βάρος της ευπιστίας του συζύγου της
itan poly carob eis baros ths eupistias the syzygou ths
she was very happy at the expense of her husband's credulity
Αλλά έσπευσε στην πόρτα όταν χτύπησε ο ταχυδρόμος
allow espeuse sten porta otan chtypese aux tachydromos
but she did hurry to the door when the postman knocked
Ο ταχυδρόμος της είχε φέρει ένα χαρτονόμισμα από τον ράφτη
aux tachydromos ths eiche ferei ein cartonomism apo ton rafti
the postman had brought her a bill from the tailor
Και σχολίασε ξανά το πόδι του πιθήκου
kai scholiase xana to podi the pithikou
and she did comment about the monkey's paw again

Η υπόλοιπη μέρα ήταν αρκετά ήρεμη
iii ypoloipi mera itan arketa iremi
the rest of the day was quite uneventful
Ο κύριος και η κυρία Γουάιτ ετοιμάζονταν για δείπνο
aux kyrios kai iii kyria gouait etoimazontan gia dipno

Mr. and Mrs. White were getting ready to have dinner
Περίμεναν τον Herbert πίσω ανά πάσα στιγμή τώρα
perimenan ton Herbert piso anna pasha stigmi there
They were expecting Herbert back any minute now
Η κυρία White μίλησε για τον γιο της
iii kyria White milise gia ton gio ths
Mrs White got to talking about her son
«Θα έχει μερικές ακόμα από τις αστείες παρατηρήσεις του»
«t echei merikes akoma apo these asteies paratiriseis the»
"He'll have some more of his funny remarks"
«Είμαι σίγουρος ότι θα το κάνει», είπε ο κ. White
«eimai secure oti t to kani», eipe aux k. White
"I'm sure he will," said Mr. White
Και έχυσε λίγη μπύρα
kai echyse ligh mpyra
and he poured himself out some beer
«Αλλά, πέρα από τα αστεία, το πράγμα κινήθηκε στο χέρι μου»
«allow, pera apo ta asteia, to prague kinithike sto car mia»
"but, joking aside, the thing moved in my hand"
«Νόμιζες», είπε η γριά, καθησυχαστικά
«nomizes», eipe iii gria, cathesychastic
""you thought," said the old lady, soothingly
«Λέω ότι κινήθηκε», απάντησε ο άλλος
«leo oti kinithike», apantise aux allos
"I say it DID move," replied the other
«Δεν υπήρχε "σκέψη" γι 'αυτό»
«den ypirche "skepsi" gi 'auto»
"There was no 'thought' about it"
«Ήμουν έτοιμος να... Τι συμβαίνει;"
«imoun etoimos nha... the symvainei;"
"I was about to... What's the matter?"
Η σύζυγός του δεν απάντησε
iii syzygos the den apantise
His wife made no reply

Παρακολουθούσε τις μυστηριώδεις κινήσεις ενός άνδρα έξω
precuded these mystery kiniseis enos andra exo
She was watching the mysterious movements of a man outside

Φαινόταν να προσπαθεί να αποφασίσει να μπει
fenottan nha prospathei nha apophasise nha mpei
He appeared to be trying to make up his mind to enter

Έκανε μια ψυχική σύνδεση με τις διακόσιες λίρες
ekane mia psychic syndication me these diakosies liras
she made a mental connection with the two hundred pounds

Και παρατήρησε ότι ο ξένος ήταν καλά ντυμένος
kai paratirise oti aux xenos itan kala ntimenos
and she noticed that the stranger was well dressed

Φορούσε ένα μεταξωτό καπέλο γυαλιστερής νεωτερικότητας
forusse ein metaxoto capello gyalisteris neotericity
He wore a silk hat of glossy newness

Τρεις φορές σταμάτησε στην πύλη
treis fores stamatise sten pyli
Three times he paused at the gate

Μετά έφυγε πάλι
meta efyge pali
Then he walked away again

Την τέταρτη φορά στάθηκε με το χέρι του στην πύλη
then tetarti phora stathike me to car the sten pyli
The fourth time he stood with his hand on the gate

Αποφασιστικά, άνοιξε την πύλη
apofasistically, anoixe then pyli
resolutely, he flung the gate open

Και περπάτησε μέχρι το μονοπάτι προς το σπίτι
kai perpatise mechri to monopati pros to spot
and he walked up the path towards the house

Ξεκούμπωσε βιαστικά τις χορδές της ποδιάς της
xekoumpose biastic these cords ths podias ths
She hurriedly unfastened the strings of her apron

και έβαλε αυτή την ποδιά κάτω από το μαξιλάρι της καρέκλας της
kai evale ayti then podia kato apo to maxilari ths kareklas ths
and put that apron beneath the cushion of her chair

Στη συνέχεια πήγε στην πόρτα για να αφήσει τον ξένο μέσα
sti synce pige sten porta gia nha afisei ton xeno mesha
then she went to the door to let the stranger in

Μπήκε αργά και την κοίταξε κρυφά
mpike arga kai then kitaxe kryfa
He entered slowly, and gazed at her furtively

Η ηλικιωμένη κυρία ζήτησε συγγνώμη για την εμφάνιση του δωματίου
iii ilikiomeni kyria zitise sygnomi gia then emphanise the domatiou
the old lady apologized for the appearance of the room

Αλλά άκουγε με ανήσυχο τρόπο
allow akouge me anxious thereby
but he listened in a preoccupied fashion

Ζήτησε επίσης συγγνώμη για το παλτό του συζύγου της
zitise episis sygnomi gia to palto the syzygou ths
She also apologized for her husband's coat

ένα ένδυμα που συνήθως κρατούσε για τον κήπο
ein endyma pou synethos kratouse gia ton kipo
a garment which he usually reserved for the garden

Περίμενε υπομονετικά να του πει γιατί είχε έρθει
perimene ypomonetic nha the pei giati eiche erthei
She waited patiently for him to say why he had come

Αλλά στην αρχή ήταν παράξενα σιωπηλός
allow sten archi itan paraxena siopilos
but he was at first strangely silent

«Μου ζητήθηκε να έρθω σε σένα», είπε, επιτέλους
«mia zitithike nha ertho so senna», eipe, epitelous
"I was asked to come to you," he said, at last

Έσκυψε για να πάρει ένα κομμάτι βαμβάκι από το παντελόνι του
escype gia nha parei ein kommati bambaki apo to pantalon the

He stooped to pick a piece of cotton from his trousers
"Κατάγομαι από το Maw και το Meggins"
"catagomai apo to Maw kai to Meggins"
"I come from Maw and Meggins"
Η γριά ξαφνιάστηκε από αυτά που είχε πει
iii gria xafniastike apo id pou eiche pei
The old lady was startled by what he had said
«Είναι κάτι το θέμα;» ρώτησε με κομμένη την ανάσα
«einai katie to theme;» rotise me kommeni then anasa
"Is anything the matter?" she asked, breathlessly
«Έχει συμβεί κάτι στον Χέρμπερτ;
«echei symvei katie ston khermpert;
"Has anything happened to Herbert?
«Τι είναι αυτό; Τι του συνέβη;»
«the einai auto; the the synevi;»
"What is it? What happened to him?"
«Περίμενε λίγο, μητέρα», είπε βιαστικά ο άντρας της
«perimene ligo, mother», eipe biastic aux andras ths
"wait a little, mother," said her husband, hastily
"Καθίστε και μην βιαστείτε να βγάλετε συμπεράσματα"
"kathiste kai mhn biasteite nha bgalete symperasmata"
"Sit down, and don't jump to conclusions"
«Δεν φέρατε άσχημα νέα, είμαι σίγουρος, κύριε»
«den ferate aschima new, eimai secure, kyrie»
"You've not brought bad news, I'm sure, Sir"
Και κοίταξε τον ξένο με νοσταλγία
kai kitaxe ton xeno me nostalgia
and he eyed the stranger wistfully
«Λυπάμαι...» ξεκίνησε ο επισκέπτης
«lypamai...» xekinise aux episkeptis
"I'm sorry..." began the visitor
«Είναι πληγωμένος;» ρώτησε άγρια η μητέρα
«einai pligomenos;» rotise agria iii mother
"Is he hurt?" demanded the mother, wildly
Ο επισκέπτης υποκλίθηκε με συγκατάθεση
aux episkeptis ypoklithike me sygkatathesi

The visitor bowed in assent
«Άσχημα πληγωμένος», είπε, ήσυχα
«aschima pligomenos», eipe, isicha
"Badly hurt," he said, quietly
«Μα δεν πονάει»
«mi den ponaei»
"but he is not in any pain"
«Ω, δόξα τω Θεώ!» είπε η γριά
«aux, doxa the theo!» eipe iii gria
"Oh, thank God!" said the old woman
Και έσφιξε τα χέρια της για να προσευχηθεί
kai esfixe ta car ths gia nha proseuchese
and she clasped her hands to pray
«Δόξα τω Θεώ γι' αυτό! Ευχαριστώ..."
«doxa the theo gi' auto! eucharist..."
"Thank God for that! Thank..."
Διέκοψε ξαφνικά την ποινή της
dekipse xafnika then pain ths
She broke off her sentence suddenly
Το απαίσιο νόημα της διαβεβαίωσης αναδύθηκε επάνω της
to apaisio noima ths diabebaiosis anadithike epano ths
the sinister meaning of the assurance dawned upon her
Κοίταξε το πρόσωπο των ξένων
kitaxe to prosopo than xenon
she looked into the strangers averted face
Και είδε τη φοβερή επιβεβαίωση των φόβων της
kai eide the foberi epivebaiosi than phobon ths
and she saw the awful confirmation of her fears
Πήρε την ανάσα της για μια στιγμή
pire then anasa ths gia mia stigmi
she caught her breath for a moment
Και στράφηκε στον πιο αργό σύζυγό της
kai strafike ston pio argo syzygo ths
and she turned to her slower-witted husband
Έβαλε το τρεμάμενο γέρικο χέρι της πάνω στο χέρι του

evale to tremameno geriko car ths pano sto car the
She laid her trembling old hand upon his hand
Υπήρχε μια μακρά σιωπή στο δωμάτιο
ypirche mia makra siopi sto domatio
There was a long silence in the room
Τελικά ο επισκέπτης έσπασε τη σιωπή, με χαμηλή φωνή
telika aux episkeptis espase the siopi, me khamili phoni
finally the visitor broke the silence, in a low voice
«Πιάστηκε στα μηχανήματα»
«piastike stou mechanimata»
"He was caught in the machinery"
«Παγιδευμένος στα μηχανήματα», επανέλαβε ο κ. White
«pagideymenos stou mechanimata», epanelave aux k. White
"Caught in the machinery," repeated Mr. White
μουρμούρισε τις λέξεις ζαλισμένος
murmur these lexeis zalismenos
he muttered the words in a dazed fashion
Κάθισε κοιτάζοντας με άδειο βλέμμα έξω από το παράθυρο
kathise kitazontas me adio blemma exo apo to parathyro
He sat staring blankly out at the window
Πήρε το χέρι της γυναίκας του ανάμεσα στο δικό του
pire to car ths gynaikas the anamesa sto diko the
he took his wife's hand between his own
Γύρισε απαλά προς τον επισκέπτη
gyrise apala pros ton episkepti
he turned gently towards the visitor
«Ήταν ο μόνος που μας έμεινε»
«itan aux monos pou mas emeine»
"He was the only one left to us"
«Είναι δύσκολο», απάντησε ο άλλος
«einai dyskolo», apantise aux allos
"It is hard," The other replied
Σηκώθηκε, περπάτησε αργά προς το παράθυρο
sikothike, perpatise arga pros to parathyro

Rising, he walked slowly to the window
«Η εταιρεία επιθυμούσε να μεταφέρω την ειλικρινή συμπαράστασή της»
«iii etaireia epithymouse nha metaphero then eilikrini symparastasis ths»
"The firm wished me to convey their sincere sympathy"
«Αναγνωρίζουμε ότι έχετε υποστεί μια μεγάλη απώλεια»
«anagnorizoume oti echete ypostei mia megali apolea»
"we recognize that you have suffered a great loss"
Αλλά δεν ήταν σε θέση να τους κοιτάξει στα μάτια
allow den itan so thesi nha these koitaxei stou matia
but he was unable to look them in the eyes
«Σας ικετεύω να καταλάβετε ότι είμαι μόνο ο αγγελιοφόρος τους»
«sas iketeyo nha katalavete oti eimai menu aux aggelioforos these»
"I beg that you will understand I am only their messenger"
«Απλώς υπακούω στις εντολές που μου έδωσαν»
«aplos ypakouo sites entoles pou mia edosan»
"I am merely obeying the orders they gave me"
Δεν υπήρξε απάντηση από το ηλικιωμένο ζευγάρι
den ypirxe apantisi apo to ilikiomeno zeygari
There was no reply from the old couple
Το πρόσωπο της γριάς ήταν λευκό
to prosopo ths grias itan leuko
The old woman's face was white
Τα μάτια της κοιτούσαν
ta matia ths kitousan
Her eyes were staring
Η αναπνοή της δεν ακουγόταν
iii anapnoi ths den akougotan
Her breath was inaudible
Ο σύζυγός της έψαχνε σε κάποια μέση απόσταση
aux syzygos ths epsachne so kapia mesi apostasi
her husband was looking into some middle distance
"Ο Maw και ο Meggins αποποιούνται κάθε ευθύνη"

"aux Maw kai aux Meggins apopoiountai kathe euthyne"
"Maw and Meggins disclaim all responsibility"
«Δεν παραδέχονται καμία ευθύνη»
«den paradechontai kamia euthyne»
"They admit no liability at all"
«Αλλά νοιάζονται για τις υπηρεσίες του γιου σου»
«allow noiazontai gia these ypiresia the giou sou»
"but they are considerate of your son's services"
"Θέλουν να σας παρουσιάσουν κάποια αποζημίωση"
"theloun nha sas parousiasoun kapia apozimiosis"
"they wish to present you with some compensation"
Ο κύριος Γουάιτ έριξε το χέρι της γυναίκας του
aux kyrios gouait erixe to car ths gynaikas the
Mr. White dropped his wife's hand
Σηκώθηκε στα πόδια του για αυτό που ήταν έτοιμος να ζητήσει
sikothike stou podia the gia auto pou itan etoimos nha zitisei
he rose to his feet for what he was about to ask
Και κοίταξε με ένα βλέμμα τρόμου τον επισκέπτη του
kai kitaxe me ein blemma tromou ton episkepti the
and he gazed with a look of horror at his visitor
Τα ξηρά χείλη του σχημάτισαν τις λέξεις, "Πόσο;"
ta xira cail the schimatisan these lexeis, "poso;"
His dry lips shaped the words, "How much?"
«Διακόσιες λίρες», ήταν η απάντηση
«diakosies liras», itan iii apantisi
"Two hundred pounds," was the answer
Η σύζυγός του έβγαλε μια κραυγή όταν άκουσε τον αριθμό
iii syzygos the evgale mia kraugi otan akouse ton arithmo
his wife gave out a shriek when she heard the number
Ο γέρος χαμογέλασε μόνο αμυδρά
aux geros camogellase menu amydra
the old man only smiled faintly
Άπλωσε τα χέρια του σαν τυφλός άνθρωπος
aplose ta car the shan tyflos anthropos

He held out his hands like a sightless man
Και έπεσε σε έναν παράλογο σωρό στο πάτωμα
kai epese so enan paralogo soro sto patoma
and he dropped into a senseless heap on the floor

Μέρος τρίτο
meros third
Part Three

Στο τεράστιο νέο νεκροταφείο
sto terastio neo nekrotafeio
In the huge new cemetery
δύο μίλια μακριά από το σπίτι
dyo mile makria apo to spot
two miles away from the house
Οι ηλικιωμένοι έθαψαν τον νεκρό γιο τους
oi ilikiomenoi ethapsan ton nekro gio these
the old people buried their dead son
Επέστρεψαν μαζί στο σπίτι τους
epestrepsan mazi sto spot these
They came back to their house together
Ήταν βουτηγμένοι στη σκιά και τη σιωπή
itan butegmeni sti skia kai the siopi
they were steeped in shadow and silence
Όλα τελείωσαν τόσο γρήγορα
all teliosan toso grigora
It was all over so quickly
Δεν μπορούσαν να αντιληφθούν τι είχε συμβεί
den mporousan nha antilifthoun the eiche symvei
they could hardly take in what had happened
Παρέμειναν σε κατάσταση προσδοκίας
parameinan so catastasis prosdokias
They remained in a state of expectation
σαν να επρόκειτο να συμβεί κάτι άλλο
shan nha eproce nha symvei katie allo
as though of something else was going to happen
κάτι άλλο, που ήταν να ελαφρύνει αυτό το φορτίο
katie allo, pou itan nha elafrini auto to fortio
something else, which was to lighten this load
Το φορτίο είναι πολύ βαρύ για να το αντέξουν οι παλιές καρδιές

to fortio einai poly bary gia nha to antexoun oi palies kardies
the load too heavy for old hearts to bear
Αλλά οι μέρες πέρασαν χωρίς καμία ανακούφιση
allow oi meres perasan choris kamia anakoufisi
But the days passed without any relief
Και η προσδοκία έδωσε τη θέση της στην παραίτηση
kai iii prosdokia edose the thesi ths sten paraitisi
and expectation gave place to resignation
Η απελπιστική παραίτηση του παλιού
iii apelpistic paraitisi the paliou
The hopeless resignation of the old
Μερικές φορές ονομάζεται λανθασμένα απάθεια
merikes fores onomazetai lanthasmena apathy
sometimes it is miscalled apathy
Σε αυτό το διάστημα δεν αντάλλαξαν σχεδόν ούτε μια λέξη
so auto to diastima den antallaxan schedon oute mia lexi
in this time they hardly exchanged a word
Τώρα δεν είχαν τίποτα να μιλήσουν
there den eichan tipota nha milisoun
Now they had nothing to talk about
Οι μέρες τους ήταν μεγάλες, από την κούραση
oi meres these itan megales, apo then kourasi
their days were long, from the weariness

Ήταν περίπου μια εβδομάδα μετά την κηδεία
itan peripou mia ebdomada meta then cedea
It was about a week after the funeral
Ο γέρος ξύπνησε ξαφνικά μέσα στη νύχτα
aux geros xypnise xafnika mesha sti night
the old man woke suddenly in the night
Άπλωσε το χέρι του
aplose to car the
He stretched out his hand
Βρήκε ότι ήταν μόνος στο κρεβάτι
brece oti itan monos sto krevati

he found he was alone in bed
Το δωμάτιο ήταν στο σκοτάδι
to domatio itan sto skotadi
The room was in darkness
Ο ήχος του υποτονικού κλάματος βγήκε από το παράθυρο
aux echos the ypotonikou klamatos bgike apo to parathyro
The sound of subdued weeping came from the window
Σηκώθηκε στο κρεβάτι και άκουσε
sikothike sto krevati kai akouse
He raised himself in bed and listened
«Γύρνα πίσω», είπε τρυφερά
«gyrna piso», eipe trifera
"Come back," he said, tenderly
«Θα κρυώσεις», την προειδοποίησε
«t kryoseis», then preheathed
"You will be cold," he warned her
«Είναι πιο κρύο για τον γιο μου», είπε η γριά
«einai pio kryo gia ton gio mia», eipe iii gria
"It is colder for my son," said the old woman
Και έκλαψε ακόμα περισσότερο από πριν
kai eclapse akoma perissotero apo prima
and she wept even more than before
Ο ήχος των λυγμών της έσβησε στα αυτιά του
aux echos than lygmon ths esvise stou autia the
The sound of her sobs died away on his ears
Το κρεβάτι ήταν ζεστό και άνετο
to krevati itan zesto kai and
The bed was warm and comfortable
Τα μάτια του ήταν βαριά από τον ύπνο
ta matia the itan baria apo ton ypno
His eyes were heavy with sleep
Κοιμήθηκε μέχρι που τον ξύπνησε μια ξαφνική κραυγή από τη γυναίκα του
koimithike mechri pou ton xypnise mia xafniki kraugi apo the gynaika the

he slept until a sudden cry from his wife awoke him
«Το πόδι!» φώναξε άγρια, «Το πόδι της μαϊμούς!»
«to podi!» phonaxe agria, «to podi ths maimous!»
"The paw!" she cried wildly, "The monkey's paw!"
Σηκώθηκε από το κρεβάτι σε κατάσταση συναγερμού
sikothike apo to krevati so catastasis synagermou
He got out of bed in alarm
«Πού; Πού είναι;» απαίτησε
«pou; pou einai;» apaitise
"Where? Where is it?" he demanded
"Τι συμβαίνει με το πόδι του πιθήκου;"
"the symvainei me to podi the pithikou;"
"What's the matter with the monkey's paw?"
Ήρθε σκοντάφτοντας στο δωμάτιο προς το μέρος του
irthe skontaftontas sto domatio pros to meros the
She came stumbling across the room toward him
«Θέλω το πόδι της μαϊμούς», είπε ήσυχα
«thelo to podi ths maimous», eipe isicha
"I want the monkey's paw," she said, quietly
«Δεν το κατέστρεψες, έτσι;»
«den to catestrepses, etsi;»
"You've not destroyed it, have you?"
«Είναι στο σαλόνι», απάντησε, θαυμάζοντας
«einai sto salon», apantise, thaumazontas
"It's in the parlour" he replied, marvelling
«Γιατί θέλεις το πόδι της μαϊμούς;»
«giati theleis to podi ths maimous;»
"Why do you want the monkey's paw?"
Έκλαιγε και γελούσε ταυτόχρονα
eklaige kai gelouse tautochronism
She cried and laughed at the same time
Σκύβοντας, φίλησε το μάγουλό του
skyvontas, filise to magullu the
Bending over, she kissed his cheek
«Μόλις το σκέφτηκα», είπε υστερικά.
«molis to skeftika», eipe ysteric.

"I only just thought of it," she said, hysterically.
«Γιατί δεν το σκέφτηκα πριν;»
«giati den to skeftika prima;»
"Why didn't I think of it before?"
«Γιατί δεν το σκέφτηκες;»
«giati den to skeftikes;»
"Why didn't you think of it?"
«Τι δεν σκεφτήκαμε;» ρώτησε
«the den skeftikame;» rotise
"what didn't we think of?" he questioned
«Οι άλλες δύο ευχές», απάντησε γρήγορα
«oi alles dyo euches», apantise grigora
"The other two wishes," she replied, rapidly
«Είχαμε μόνο μία από τις επιθυμίες μας»
«eichame menu mia apo these epithymies mas»
"We've only had one of our wishes"
«Δεν ήταν αρκετό;» απαίτησε έντονα
«den itan arketo;» apaitise intensely
"Was that not enough?" he demanded, fiercely
«Όχι», φώναξε θριαμβευτικά
«oxi», phonaxe triumphant
"No," she cried, triumphantly
«Θα κάνουμε άλλη μια ευχή»
«t kanoume alli mia euche»
"we will make one more wish"
"Πηγαίνετε κάτω και πάρτε το γρήγορα"
"pigainete kato kai parte to grigora"
"Go down and get it quickly"
«Και εύχομαι στο αγόρι μας να ξαναζήσει»
«kai euchomai sto agori mas nha xanazisei»
"and wish our boy alive again"
Ο άνδρας κάθισε στο κρεβάτι
aux andras kathise sto krevati
The man sat up in bed
Πέταξε τα κλινοσκεπάσματα από τα τρεμάμενα άκρα του

petakse ta klinoskepasmata apo ta tremamena acre the
He flung the bedclothes from his quaking limbs

«Θεέ μου, είσαι τρελός!» φώναξε εμβρόντητος
«thee mia, eisai trelos!» phonaxe embrontet
"Good God, you are mad!" he cried, aghast

«Πάρε το πόδι της μαϊμούς», λαχάνιασε
«pare to podi ths maimous», lachaniase
"Get the monkey's paw," she panted

Ἴκαι κάνε την ευχή. Ω, αγόρι μου, αγόρι μου!»
'kai kane then euche. aux, agori mia, agori mia!»
"and make the wish. Oh, my boy, my boy!"

Ο σύζυγός της χτύπησε ένα σπίρτο και άναψε το κερί
aux syzygos ths chtypese ein spirto kai anapse to keri
Her husband struck a match and lit the candle

«Γύρνα πίσω στο κρεβάτι», είπε, ασταθώς
«gyrna piso sto krevati», eipe, astathos
"Get back to bed," he said, unsteadily

«Δεν ξέρεις τι λες»
«den xeris the les»
"You don't know what you are saying"

«Είχαμε εκπληρώσει την πρώτη ευχή», είπε η γριά πυρετωδώς
«eichame explersion then proti euche», eipe iii gria pyretodos
"We had the first wish granted," said the old woman, feverishly

«Γιατί δεν μπορούμε να εκπληρώσουμε μια δεύτερη ευχή;»
«giati den mporume nha explersing mia deyteri euche;»
"Why can we not get a second wish granted?"

«Σύμπτωση», τραύλισε ο γέρος
«symptosis», traulise aux geros
"A coincidence," stammered the old man

«Πήγαινε να το πάρεις και ευχήσου», φώναξε η γυναίκα του
«pigaine nha to pareis kai eucheso», phonaxe iii gynaika the
"Go and get it and wish," cried his wife

Έτρεμε από ενθουσιασμό
etreme apo enthusiasm
she was quivering with excitement
Ο γέρος γύρισε και την κοίταξε
aux geros gyrise kai then kitaxe
The old man turned and regarded her
Η φωνή του έτρεμε: «Είναι νεκρός δέκα μέρες»
iii phoni the etreme: «einai nekros deka meres»
His voice shook, "He has been dead ten days"
«Και εκτός αυτού... Δεν θα σας έλεγα...»
«kai ektos autou... den t sas elega...»
"and besides... I would not tell you..."
«Αλλά, μπορούσα να τον αναγνωρίσω μόνο από τα ρούχα του»
«allow, mporousa nha ton anagnoriso menu apo ta roucha the»
"but, I could only recognize him by his clothing"
«Ήταν πολύ τρομερός για να τον δεις»
«itan poly tromeros gia nha ton deis»
"he was too terrible for you to see"
«Πώς θα μπορούσε να επανέλθει από αυτό;»
«pos t mporouse nha epanelthei apo auto;»
"how could he be brought back from that?"
«Φέρτε τον πίσω», φώναξε η γριά
«ferte ton piso», phonaxe iii gria
"Bring him back," cried the old woman
Τον έσυρε προς την πόρτα
ton esyre pros then porta
She dragged him toward the door
«Νομίζεις ότι φοβάμαι το παιδί που θήλασα;»
«nomizeis oti phovamai to paidi pou thilasa;»
"Do you think I fear the child I nursed?"
Κατέβηκε στο σκοτάδι
katevike sto skotadi
He went down in the darkness
Ένιωσε το δρόμο του προς την κουζίνα
eniose to dromo the pros then kouzina

he felt his way to the kitchen
Στη συνέχεια πήγε στο mantelpiece
sti synce pige sto mantelpiece
Then he went to the mantelpiece
Το φυλαχτό ήταν στη θέση του
to phylachto itan sti thesi the
The talisman was in its place
Τον κυρίευσε ένας φρικτός φόβος
ton kyrieuse enas friktos phobos
he was overcome by a horrible fear
Ο φόβος ότι η επιθυμία του θα λειτουργούσε
aux phobos oti iii epithymia the t leitourgouse
the fear that his wish would work
Η επιθυμία του θα έφερνε πίσω τον ακρωτηριασμένο γιο του
iii epithymia the t efferne piso ton akrotiriasmeno gio the
his wish would bring his mutilated son back
Είχε χάσει την κατεύθυνση της πόρτας
eiche kasei then kateythynsi ths portas
he had lost the direction of the door
Αλλά πήρε ξανά την ανάσα του
allow pire xana then anasa the
but he caught his breath again
Το φρύδι του ήταν κρύο από τον ιδρώτα
to frydi the itan kryo apo ton idrota
His brow was cold with sweat
Ακόμα και το πρόσωπο της γυναίκας του φαινόταν αλλαγμένο
akoma kai to prosopo ths gynaikas the fenottan allagmeno
Even his wife's face seemed changed
Το πρόσωπό της ήταν λευκό και αναμενόμενο
to prosopo ths itan leuko kai anamenomeno
her face was white and expectant
Φαινόταν να έχει μια αφύσικη ματιά πάνω του
fenottan nha echei mia aphysic matia pano the
it seemed to have an unnatural look upon it

Τη φοβόταν
the fovotan
he was afraid of her
«Ευχή!» φώναξε με δυνατή φωνή
«euche!» phonaxe me dynati phoni
"Wish!" she cried, in a strong voice
«Είναι ανόητο και πονηρό», παραπαίει
«einai anoito kai poniro», parapaiei
"It is foolish and wicked," he faltered
«Ευχή!» επανέλαβε η γυναίκα του
«euche!» epanelave iii gynaika the
"Wish!" repeated his wife
Κράτησε το πόδι και σήκωσε το χέρι του
kratise to podi kai sikose to car the
He held the paw and raised his hand
«Εύχομαι στον γιο μου να ζήσει ξανά»
«euchomai ston gio mia nha zisei xana»
"I wish my son alive again"
Το φυλαχτό έπεσε στο πάτωμα
to phylachto epese sto patoma
The talisman fell to the floor
Το έβλεπε με φόβο
to evlepe me phovo
He regarded it fearfully
Στη συνέχεια βυθίστηκε τρέμοντας σε μια καρέκλα
sti synce bythistece tremontas so mia karekla
Then he sank trembling into a chair
Η γριά, με φλεγόμενα μάτια, περπάτησε προς το παράθυρο
iii gria, me phlegomena matia, perpatise pros to parathyro
The old woman, with burning eyes, walked to the window
Σήκωσε τα στόρια και κοίταξε έξω
sikose ta storia kai kitaxe exo
she raised the blinds and peered out
Η γριά στεκόταν ακίνητη στο παράθυρο
iii gria stekotan akiniti sto parathyro

the old woman stood motionless at the window
Κάθισε μέχρι να κρυώσει από το κρύο
kathise mechri nha kryosei apo to kryo
he sat until he was chilled with the cold
Περιστασιακά έριχνε μια ματιά στη γυναίκα του
peristasiaka erichne mia matia sti gynaika the
occasionally he glanced at his wife

Το κερί είχε καεί κάτω από το χείλος
to keri eiche kaei kato apo to cheilos
The candle-end had burned below the rim
Η φλόγα έριξε παλλόμενες σκιές στους τοίχους
iii floga erixe pallomenes skies stous toichous
the flame threw pulsating shadows on the walls
Με ένα τρεμόπαιγμα μεγαλύτερο από τα υπόλοιπα, βγήκε
me ein tremopaigma megalytero apo ta ypoloipa, bgike
with a flicker larger than the rest, it went out
Ο γέρος ένιωσε μια ανείπωτη αίσθηση ανακούφισης
aux geros eniose mia anipoti esthisi anakoufisis
The old man felt an unspeakable sense of relief
Το φυλαχτό είχε αποτύχει να πραγματοποιήσει την επιθυμία του
to phylachto eiche uptek nha pragmatise then epithymia the
the talisman had failed to grand his wish
Έτσι, ο γέρος σύρθηκε πίσω στο κρεβάτι του
etsi, aux geros syrthece piso sto krevati the
so, the old man crept back to his bed
Ένα ή δύο λεπτά αργότερα η γριά τον ακολούθησε
ein a dyo lepta argotera iii gria ton akolouthise
A minute or two afterwards the old woman joined him
Σιωπηλά και απαθής ξάπλωσε δίπλα του
siopila kai apathis xaplose dipla the
she silently and apathetically laid herself beside him
Κανένας από τους δύο δεν μίλησε, αλλά έμειναν σιωπηλοί

kanenas apo these dyo den milise, allow emeinan siopiloi
Neither spoke, but they lay silently
Άκουγαν το χτύπημα του ρολογιού
acugan to chtypima the rologiou
they listened to the ticking of the clock
Άκουσαν το τρίξιμο των σκαλοπατιών
acousan to triximo than skalopation
they heard the creaking of the stairs
και ένα τσιριχτό ποντίκι έτρεξε θορυβωδώς μέσα από τον τοίχο
kai ein tsirichto pontiki etrexe thorivodos mesha apo ton toihos
and a squeaky mouse scurried noisily through the wall
Το σκοτάδι που κρεμόταν από πάνω τους ήταν καταπιεστικό
to skotadi pou kremotan apo pano these itan katapiestiko
The darkness hanging over them was oppressive
Τελικά ο γέρος είχε αρκετό θάρρος και πάλι
telika aux geros eiche arketo tharos kai pali
eventually the old man had enough courage again
Σηκώθηκε και πήρε το κουτί με τα σπίρτα
sikothike kai pire to couti me ta spirta
he got up and took the box of matches
Χτυπώντας ένα σπίρτο, κατέβηκε κάτω για ένα κερί
chtypontas ein spirto, katevike kato gia ein keri
Striking a match, he went downstairs for a candle
Στους πρόποδες της σκάλας το ματς βγήκε
stous propodes ths skalas to match bgike
At the foot of the stairs the match went out
και σταμάτησε για να χτυπήσει άλλο ένα σπίρτο
kai stamatise gia nha chtypisei allo ein spirto
and he paused to strike another match
Την ίδια στιγμή ακούστηκε ένα χτύπημα
then idia stigmi akoustike ein chtypima
At the same moment there was a knock
ένα χτύπημα τόσο ήσυχο και κρυφό που μόλις και μετά βίας ακούγεται

ein chtypima toso isicho kai krifo pou molis kai meta bias agougetai
a knock so quiet and stealthy as to be scarcely audible
Το χτύπημα ήρθε από την μπροστινή πόρτα
to chtypima irthe apo then mprostin porta
the knock came from the front door
Τα σπίρτα έπεσαν από το χέρι του και χύθηκαν στο πάτωμα
ta spirta epesan apo to car the kai chythikan sto patoma
The matches fell from his hand and spilled on the floor
Στεκόταν ακίνητος στις σκάλες
stekotan acinetus sites skales
He stood motionless on the stairs
Η αναπνοή του σταμάτησε μέχρι να επαναληφθεί το χτύπημα
iii anapnoi the stamatise mechri nha epanalifthei to chtypima
his breath suspended until the knock was repeated
Στη συνέχεια γύρισε και έφυγε γρήγορα πίσω στο δωμάτιό του
sti synce gyrise kai efyge grigora piso sto domatio the
Then he turned and fled swiftly back to his room
Και έκλεισε την πόρτα πίσω του
kai eklise then porta piso the
and he closed the door behind him
Ένα τρίτο χτύπημα ακούστηκε μέσα από το σπίτι
ein third chtypima akoustike mesha apo to spot
A third knock sounded through the house
«Τι είναι αυτό;» φώναξε η γριά
«the einai auto;» phonaxe iii gria
"What's that?" cried the old woman
«Ένας αρουραίος», είπε ο γέρος με τρεμάμενους τόνους
«enas arureos», eipe aux geros me tremamenous tunes
"A rat," said the old man in shaking tones
"Ένας αρουραίος, έτρεξε δίπλα μου στις σκάλες"
"enas arureos, etrexe dipla mia sites skales"
"a rat, it ran past me on the stairs"
Η γυναίκα του κάθισε στο κρεβάτι, ακούγοντας

iii gynaika the kathise sto krevati, acougontas
His wife sat up in bed, listening
Ένα δυνατό χτύπημα αντήχησε μέσα από το σπίτι
ein dynato chtypima antichise mesha apo to spot
A loud knock resounded through the house
«Είναι ο Χέρμπερτ!» ούρλιαξε, «είναι ο Χέρμπερτ!»
«einai aux khermpert!» urliaxe, «einai aux khermpert!»
"It's Herbert!" she screamed, "it's Herbert!"
Έτρεξε στην πόρτα, αλλά ο σύζυγός της ήταν πιο γρήγορος
etrexe sten porta, allow aux syzygos ths itan pio gregorus
She ran to the door, but her husband was quicker
Την έπιασε από το μπράτσο και την κράτησε σφιχτά
then epiase apo to mpratso kai then kratise sfichta
he caught her by the arm and held her tightly
«Τι θα κάνεις;» ψιθύρισε βραχνά
«the t kanis;» psithyrise brachna
"What are you going to do?" he whispered hoarsely
«Είναι το αγόρι μου. είναι ο Χέρμπερτ!» φώναξε
«einai to agori mia. einai aux khermpert!» phonaxe
"It's my boy; it's Herbert!" she cried
Πάλευε μηχανικά να απελευθερωθεί
paleye mechanically nha apeleutherothei
she struggled mechanically to break free
«Ξέχασα ότι ήταν δύο μίλια μακριά»
«xechasa oti itan dyo mile makria»
"I forgot it was two miles away"
«Τι με κρατάς;»
«the me kratas;»
"What are you holding me for?"
«Άσε με να φύγω. Πρέπει να ανοίξω την πόρτα»
«ase me nha fygo. prepei nha anoixo then porta»
"Let me go. I must open the door"
«Για όνομα του Θεού, μην το αφήσεις να μπει», φώναξε ο γέρος, τρέμοντας
«gia onoma the theou, mhn to afiseis nha mpei», phonaxe aux geros,

tremontas
"For God's sake don't let it in," cried the old man, trembling
«Φοβάσαι τον ίδιο σου τον γιο», φώναξε, παλεύοντας
«phobasae ton idio sou ton gio», phonaxe, paleyontas
"You're afraid of your own son," she cried, struggling
«Άσε με να φύγω. Έρχομαι, Χέρμπερτ, έρχομαι»
«ase me nha fygo. erchomai, khermpert, erchomai»
"Let me go. I'm coming, Herbert, I'm coming"
Υπήρξε ένα άλλο χτύπημα, και ένα άλλο
ypirxe ein allo chtypima, kai ein allo
There was another knock, and another
Με μια ξαφνική κίνηση η γριά απελευθερώθηκε
me mia xafniki kinisi iii gria apeleutherothece
with a sudden movement the old woman broke free
και έτρεξε έξω από το δωμάτιο
kai etrexe exo apo to domatio
and she ran out of the room
Ο σύζυγός της την ακολούθησε στην προσγείωση
aux syzygos ths then akolouthise sten prosgeiosi
Her husband followed her to the landing
Την φώναξε ελκυστικά καθώς κατέβαινε βιαστικά
then phonaxe elkystika kathos katebene biastic
he called after her appealingly as she hurried downstairs
Άκουσε την αλυσίδα της πόρτας να κουδουνίζει πίσω
akouse then alysida ths portas nha koudounizei piso
He heard the chain of the door rattle back
Η φωνή της γριάς, τεντωμένη και λαχανιασμένη
iii phoni ths grias, tentomene kai lachaniasmeni
the old woman's voice, strained and panting
«Το μάνδαλο της πόρτας» φώναξε δυνατά
«to mandalo ths portas» phonaxe dynata
"The latch of the door" she cried, loudly
«Κατέβα κάτω, δεν μπορώ να το φτάσω»
«kateva kato, den mporo nha to ftaso»
"Come down, I can't reach it"
Αλλά ο σύζυγός της ήταν στα χέρια και τα γόνατά του

allow aux syzygos ths itan stou car kai ta gonata the
But her husband was on his hands and knees
Ψηλαφούσε άγρια στο πάτωμα
psilafouse agria sto patoma
he was groping wildly on the floor
Έψαχνε μανιωδώς για το πόδι
epsachne maniodos gia to podi
he was frantically searching for the paw
Αν μπορούσε να το βρει μόνο πριν μπει το πράγμα έξω
anne mporouse nha to brei menu prima mpei to prague exo
If he could only find it before the thing outside got in
Μια τέλεια φούσκα χτυπημάτων αντήχησε μέσα στο σπίτι
mia teleia fuska chtypimaton antichise mesha sto spot
A perfect fusillade of knocks reverberated through the house
Άκουσε το ξύσιμο μιας καρέκλας
akouse to xysimo mias kareklas
He heard the scraping of a chair
Η γυναίκα του είχε βάλει την καρέκλα στην πόρτα
iii gynaika the eiche balei then karekla sten porta
his wife had put the chair against the door
Άκουσε το τρίξιμο του μπουλονιού
akouse to triximo the mpouloniou
He heard the creaking of the bolt
Την ίδια στιγμή βρήκε το πόδι του πιθήκου
then idia stigmi brece to podi the pithikou
At the same moment he found the monkey's paw
Άφησε μανιωδώς την τρίτη και τελευταία του επιθυμία
afise maniodos then third kai teleytaia the epithymia
frantically he breathed his third and last wish
Το χτύπημα σταμάτησε ξαφνικά
to chtypima stamatise xafnika
The knocking ceased suddenly
Αλλά η ηχώ του ήταν ακόμα στο σπίτι
allow iii eco the itan akoma sto spot
but the echoes of it were still in the house

Άκουσε την καρέκλα να τραβιέται προς τα πίσω
akouse then karekla nha travietai pros ta piso
He heard the chair being pulled back
Και άκουσε την πόρτα να ανοίγει
kai akouse then porta nha anoigei
and he heard the door being opened
Ένας κρύος άνεμος ανέβηκε βιαστικά τη σκάλα
enas krios anemos anevike biastic the skala
A cold wind rushed up the staircase
Και ένας μακρύς δυνατός θρήνος απογοήτευσης ακολούθησε τον άνεμο
kai enas makris dynatos thrinos apogoitefsis akolouthise ton anemo
and a long loud wail of disappointment followed the wind
Του έδωσε κουράγιο να τρέξει στο πλευρό της
the edose kouragio nha trexei sto pleuro ths
it gave him courage to run down to her side
Τότε έτρεξε στην πύλη του σπιτιού
tote etrexe sten pyli the spitiou
Then he ran to the gate of the house
Η λάμπα του δρόμου τρεμόπαιζε σε έναν ήσυχο και έρημο δρόμο
iii lamba the dromou tremopaize so enan isicho kai erimo dromo
The street lamp flickered on a quiet and deserted road

Τέλος
telos
The End

www.tranzlaty.com

www.ingramcontent.com/pod-product-compliance
Lightning Source LLC
Chambersburg PA
CBHW011954090526
44591CB00020B/2764